地方自治最前線～どう実現する『政策法務』

政策法務がゆく！

分権時代における自治体づくりの法政策

上智大学教授　北村 喜宣

地方自治講座ブックレット No. 5

はじめに

ネバー・エンディング・ストーリー？

二〇〇〇年四月から、地方分権推進一括法が、施行された。これをもって「分権改革」といわれることがあるが、「分権改革」とは、そんな瞬間的なものではない。とりあえず変革されたことを自治体レベルでどのように「自分のもの」にしてゆくか。地域を豊かにするためにどのように創意工夫をしてゆくか。永久に現在進行形の、長いプロセスなのである。

地方分権時代がスタートし、「自治体は国や都道府県に縛られることなく自由に政策をつくって実施することができる。」とか、「条例制定権が拡大した。」といわれている。しかし、目に見えて何かが変わったという実感を持っている自治体職員は、それほどは多くないだろう。

暗中模索の横一線状態

一体、何が変わったのだろうか。その変化に対応して、個人・組織は、どのように変わらなければならないのだろうか。変革のためには、どのような戦略を持たなければならないのだろうか。全国画一的対応に重きがおかれた時代とは異なって、個性豊かな自治体をつくるためのシナリオは、きわめて多様であり、正解はない。試行錯誤の積み重ねであり、全国の自治体は、暗中模索の横一線状態である。

本書では、「政策法務」という考え方を中心にして、分権時代の自治体行政について、私なりのラフ・スケッチを、お示ししてみたい。

Ⅰ　「国を向いてた都道府県」と「都道府県を向いてた市町村」

（1）憲法のタテマエ

理想的状態とは？　「分権改革によって何が変わったか。」を理解するには、「分権改革前の状態は何が問題であったのか。」を確認することが、近道である。

憲法第八章は、「地方自治」を規定する。その最初に規定される九二条は、地方自治の本旨に即して諸制度が整備されることを、要請している。「地方自治の本旨」の内容は、一般に、団体自治と住民自治に分けて、整理されている。

団体自治とは、国家のなかで、自治体が国とは独立して意思決定をすることができることといわれる。また、住民自治とは、自治体内部において、住民が自分たちでものごとを決めて自治体を運営していくことを指すといわれている。これらは、いわば憲法のもとでの理想的状態である。

憲法
第九十二条　地方公共団体の組織及び運営に関する事項は、地方自治の本旨に基いて、法律でこれを定める。
第九十四条　地方公共団体は、その財産を管理し、事務を処理し、及び執行する権能を有し、法律の範囲内で条例を制定することができる。

（2）国家のなかの国と自治体

「自治体」と「自治体行政」は違うモノ！　ちょっと別の見方をしてみよう。国家のなかには、国と自治体がある。国は、国民・国会・裁判所・中央政府から構成されている。自治体は、住民・地方議会・地方政府から構成されている。これを図示すると、［図1］のようになる。

ここで、認識されなければならないのは、「国」と「中央政府」とは同じではない、「自治体」と「自治体行政」とは同じではないということである。団体自治とは、「自治体」が国から独立し

［図１］　国家のなかの国と自治体

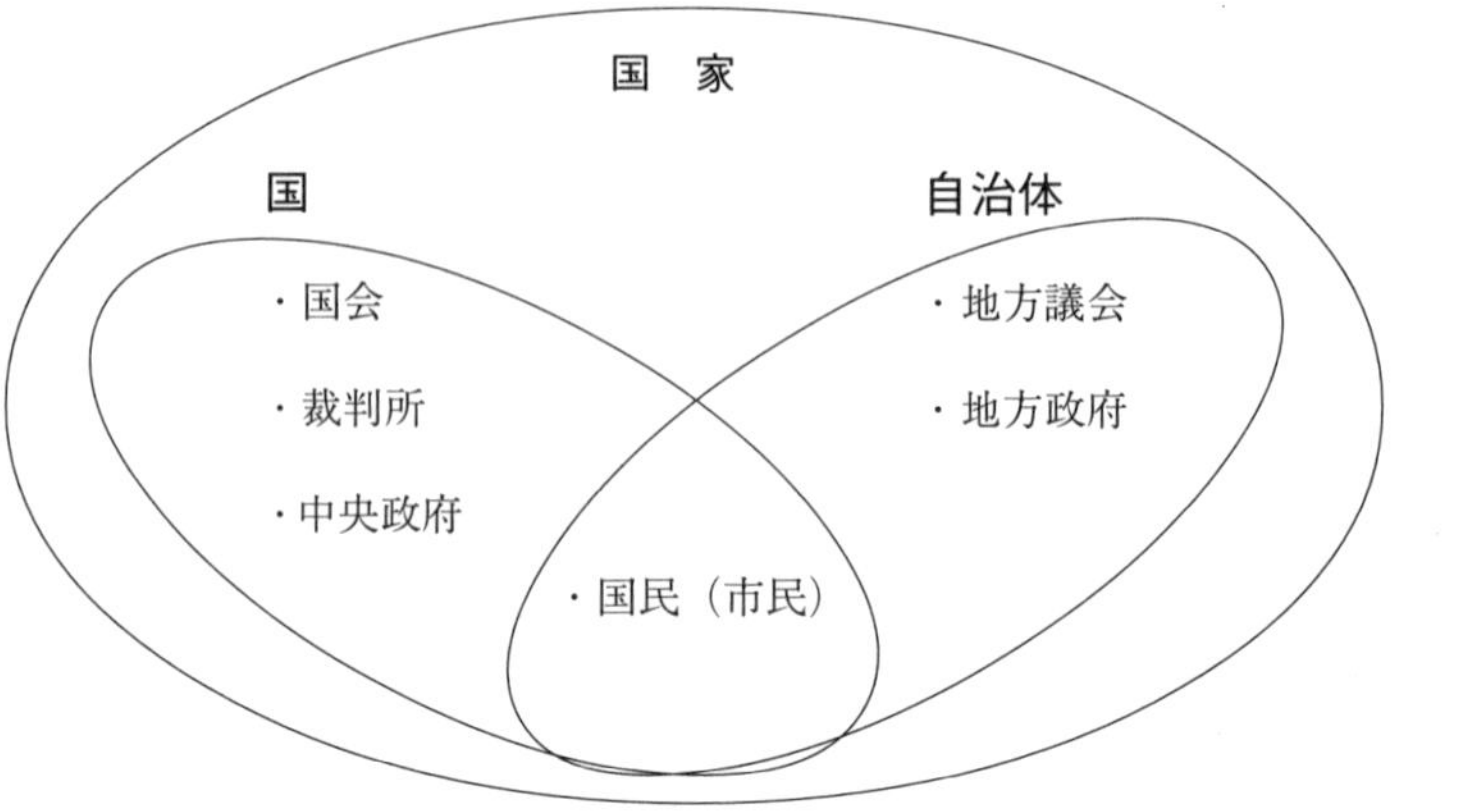

ているということであるし、住民自治とは、「自治体」としてものごとを決めてゆくということなのである。

無意識の思い込み　通常、「県」というと、それは、「県行政」を意味すると考える。市民も議員も、そして、行政職員も同様である。しかし、県行政（＝地方政府）は、県を構成するひとつにしかすぎない。住民自治とは、行政だけで決定をすることではなく、議会や市民と一緒に決定をしてゆくということなのである。これまでの経緯から、実際には、行政がイニシアティブをとることが多いだろうが、そうであるからこそ、行政職員は、「地方政府の位置」について、より明確に認識しておくことが、必要である。

（3）分権改革前夜

機関委任事務とは何か？　ところで、団体自治と住民自治の保障という憲法の要請は、分権改革の前には、どのように実現されていたのだろうか。この点を考えるには、機関委任事務を例にすることが、便宜である。

機関委任事務とは、次のような仕組みであった。国会が、法律によって「国の事務」をつくりだし、その所管は中央政府としつつ、知事や市町村長を中央政府の機関として一方的に指名して、中央政府の指揮監督のもとに、当該事務を実施させるのである。自治体首長は、大臣との関係では、まるで「使用人」のような存在であった。

事務の実施にあたっては、中央政府からは、詳細な「通達」が、出されていた。たとえば、現在でも、国税庁長官から税務署長に対して、通達が出されているが、これは、中央政府のなかでの「上級行政機関と下級行政機関の関係」に関するものである。

中央政府に絶対服従　国家行政組織法一四条二項は、「大臣……は、その機関の所掌事務について、命令又は示達するため、所管の諸機関及び職員に対し、訓令又は通達を発することができる。」

と規定する。住民による選挙で選ばれた自治体の代表であるにもかかわらず、首長は、「大臣の所管の諸機関」と位置づけられていたのである。機関委任事務のかぎりで、中央政府のいうとおりに動かなければならない存在だった。また、機関委任事務は、「国の事務」であって「自治体の事務」ではないために、自治体議会の条例制定権の対象外となっていた。これは、団体自治の観点からは、大いに問題であった。

「ちりも積もれば山となる」？

　こうした仕組みが、自治体の事務全体のごくわずかならば、それほどの批判は招かなかったのかもしれない。ところが、実際には、内閣法制局や旧自治省のチェックも十分になく、個々の法律の制定によって、少しずつ増えていった。「ちりも積もれば山となる。」である。その結果、機関委任事務は、都道府県で七〜八割、市町村では三〜四割といわれるくらいの量を占めていたのである。

「自治体」ならぬ「他治体」？

　そして、何か問題が発生したら、

ここちよい「機関委任事務の湯」

住民と向き合って解決策を考えるのではなく、国や県の方を向いて、指示を請う。これでは、自らを自ら治める「自治体」ではなく、他から治められる「他治体」である。住民自治の観点からも、大いに問題があった。憲法で地方自治が保障されているにもかかわらず、分権前夜の法環境は、タテマエとはほど遠い状態だったのである。

ドップリと機関委任事務体質……

また、問題であったのは、自治体職員がそうした制度になっていることを、必ずしも十分には意識してはいなかった点である。自治体職員は、国の使用人となっている首長の補助機関として、その仕事をサポートしていた。中央政府や県行政からの指示に従って仕事をする、自分の頭ではモノを考えないという体質（機関委任事務体質）に、ドップリと染まっていたのである。

II　地方分権で一体何が変わったのか？

1　「地方自治の本旨」に照らして

長い旅の大きな一歩　今回の地方分権改革は、憲法の理念からかけ離れた状態を、「地方自治の本旨」に照らして、あるべき方向に是正するために、行なわれたものである。ただ、「未完の分権改革」といわれるように、まだまだ不十分な部分はある。このため、「第一次分権改革」ともいわれる。何段ロケットかの第一段が切り離されたばかりである。先は長い。しかし、「大きな一歩」を踏み出したことは、確実なのである。

もっとも、残された課題は多い。たとえば、税財源の分権はされていない。そのためにか、「財源がなければ分権推進はできない。」という趣旨の発言をする首長もみられるところである。

「何もしない」は敗北主義

しかし、これでは、「敗北主義」である。現在、自治体には、第一次分権改革の成果を十分に生かした対応が、求められているのである。それすらせずに何かを求めようとしても、手に入るはずがない。第二次分権改革の成否は、これからの自治体のがんばり次第によるといっても、過言ではないだろう。

それでは、第一分権改革は、一体何を実現したのだろうか。その成果は、通常、以下の三点にまとめられる。

2　機関委任事務制度の廃止

自治体がするのはすべて「自治体の事務」

第一は、機関委任事務制度の廃止である。先にみたように、この制度は、

［図２］　地方分権前後での事務の違い

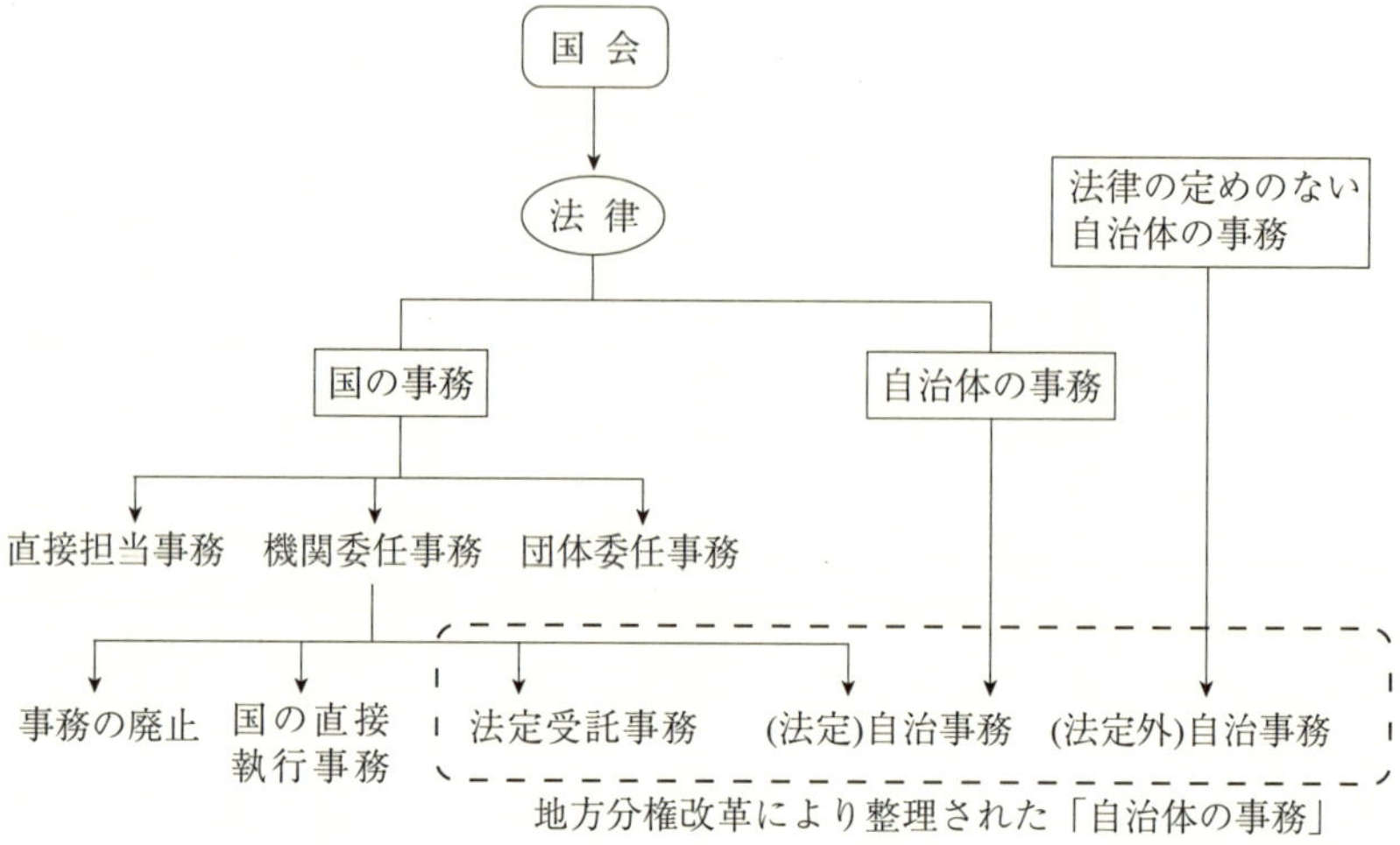

住民による選挙で選ばれた知事・市町村長を中央政府の下級行政機関という地位におき、上命下達的指示に服せしめるという点で、憲法上も、きわめて問題が多かった。自治体の事務の多くの部分を機関委任事務が占めているのは、独立して意思決定をするという団体自治の観点からも、また、自分たちのことは自分たちで決めるという住民自治の観点からも、適切でないことは、明らかである。

廃止された機関委任事務は、［図２］に示されるように、整理された。実際には、法定受託事務と自治事務の両者が、ほとんどになっている。これらは、いずれも、「自治体の事務」であり、それゆえに、これまでのような中央政府や都道府県行政の無定量・無制約な介入からは、自由になったのである。

なお、法定受託事務も自治事務も、「自治体の事務」であるが、前者は、本来国の役割に関するものという前提があるために、事務の実施にあたって、国の関与が、より強くなっている。

3　国・都道府県の関与の法定主義

厳格に求められる法令の根拠

第二は、国は自治体に対して、都道府県は市町村に対して、法令で規定される場合でなければ、あれこれとものをいうことができなくなった。もちろん、自治体の事務といっても、国会が創出したものであり、その適正な実施は、国の関心事でもある。したがって、まったくの自由ということは、ありえない。

〔関与の基本原則〕

第二百四十五条の三　国は、普通地方公共団体が、その事務の処理に関し、普通地方公共団体に対する国又は都道府県の関与を受け、又は要することとする場合には、その目的を達成するために必要な最小限度のものとするとともに、普通地方公共団体の自主性及び自立性に配慮しなければならない。

2　国は、できる限り、普通地方公共団体が、自治事務の処理に関しては普通地方公共団体に対する国又は都道府県の関与のうち第二百四十五条第一号ト及び第三号に規定する行為を、法定受託事務の処理に関しては普通地方公共団体に対する国又は都道府県の関与のうち同号に規定する行為を受け、又は要することとすることのないようにしなければならない。

3　国は、国又は都道府県の計画と普通地方公共団体の計画との調和を保つ必要がある場合等国又は都道府県の施策と普通地方公共団体の施策と

対等関係の実現　今回の分権改革の重要な意義は、国と自治体を「対等関係」にしたことである。その意味は、多様であるが、ひとつには、中央政府が中央政府であるからというだけの理由で自治体行政に介入できるという制度を廃したことにある。別の面からみれば、国会が創出する自治体の事務については、国会が、中央政府に委任して、自治体の自由を尊重しつつその適切な実施を確保する仕組みを、法律で規定しているのである。

の間の調整が必要な場合を除き、普通地方公共団体の事務の処理に関し、普通地方公共団体が、普通地方公共団体に対する国又は都道府県の関与のうち第二百四十五条第二号に規定する行為を要することとすることのないようにしなければならない。

4　国は、法令に基づき国がその内容について財政上又は税制上の特例措置を講ずるものとされている計画を普通地方公共団体が作成する場合等国又は都道府県の施策と普通地方公共団体の施策との整合性を確保しなければこれらの施策の実施に著しく支障が生ずると認められる場合を除き、自治事務の処理に関し、普通地方公共団体が、普通地方公共団体に対する国又は都道府県の関与のうち第二百四十五条第一号ニに規定する行為を要することとすることのないようにしなければならない。

5　国は、普通地方公共団体が特別の法律により法人を設立する場合等自治事務の処理について国の行政機関又は都道府県の機関の許可、認可又は承認を要することとすること以外の方法によつてその処理の適正を確保することが困難であると認められる場合を除き、自治事務の処理に関し、普通地方公共団体が、普通地方公共団体に対する国又は都道府県の関与のうち第二百四十五条第一号ホに規定する行為を要することとすることのないようにしなければならない。

6　国は、国民の生命、身体又は財産の保護のため緊急に自治事務の的確な処理を確保する必要がある場合等特に必要と認められる場合を除き、自治事務の処理に関し、普通地方公共団体が、普通地方公共団体に対する国又は都道府県の関与のうち第二百四十五条第一号ヘに規定する行為に従わなければならないこととすることのないようにしなければならない。

「自由」でない関与　中央政府が地方政府に関わる仕組みは、「関与」と呼ばれる。その内容は、たんなるアドバイス（技術的助言）から自治体が事務の履行を怠っている場合に代わってそれをすること（代執行）まで多様であるが、地方自治法二四五条の三は、それにあたって、必要最小限でなければならず自治体の自主性・自立性に配慮すべきといった基本原則を、規定している。

4　国地方係争処理委員会の創設

対等関係の制度的保障　国の関与が、形式的は、法令にもとづいてされる場合でも、その内容が、基本原則に照らして妥当ではないことも、考えられる。そこで、今回の分権改革は、自治体側が不当と考える関与を争う仕組みを、創設した。それが、地方自治法二五〇条の七以下が規定する「国地方係争処理委員会」と呼ばれる組織および手続である。この仕組みのもとでは、中央政府と地方政府が、まさに対等関係に置かれ、それぞれの主張を展開することになる。

「最後の手段」は裁判所　もっとも、この組織は、総務省におかれる行政機関のひとつであって、裁

［設置及び権限］

第二百五十条の七　総理府に、国地方係争処理委員会（以下本節において「委員会」という。）を置く。

2　委員会は、普通地方公共団体に対する国又は都道府県の関与のうち国の行政機関が行うもの（以下本節において「国の関与」という。）に関する審査の申出につき、この法律の規定によりその権限に属させられた事項を処理する。

［組織］

第二百五十条の八　委員会は、委員五人をもつて組織する。

2　委員は、非常勤とする。ただし、そのうち二人以内は、常勤とすることができる。

［委員］

第二百五十条の九　委員は、優れた識見を有する者のうちから、両議院の同意を得て、内閣総理大臣が任命する。

2　委員の任命については、そのうち三人以上が同一の政党その他の政治団体に属することとなつてはならない。

3　委員の任期が満了し、又は欠員を生じた場合において、国会の閉会又は衆議院の解散のために両議院の同意を得ることができないときは、内閣総理大臣は、第一項の規定にかかわらず、同項に定める資格を有する者のうちから、委員を任命することができる。

4　前項の場合においては、任命後最初の国会において両議院の事後の承認を得なければならない。この場合において、両議院の承認が得られないときは、内閣総理大臣は、直ちにその委員を罷免しなければならない。

5　委員の任期は、三年とする。ただし、補欠の委員の任期は、前任者の残任期間とする。

6　委員は、再任されることができる。

7　委員の任期が満了したときは、当該委員は、後任者が任命されるまで引き続きその職務を行うものとする。

8　内閣総理大臣は、委員が破産の宣告を受け、又は禁錮以上の刑に処せられたときは、その委員を罷免しなければならない。

9　内閣総理大臣は、両議院の同意を得て、次に掲げる委員を罷免するものとする。

一　委員のうち何人も属していなかつた同一の政党その他の政治団体に新たに三人以上の委員が属するに至つた場合においては、これらの者のうち二人を超える員数の委員

二　委員のうち一人が既に属している政党その他の政治団体に新たに二人以上の委員が属するに至つた場合においては、これらの者のうち一人を超える員数の委員

10　内閣総理大臣は、委員のうち二人が既に属している政党その他の政治団体に新たに属するに至つた委員を直ちに罷免するものとする。

11　内閣総理大臣は、委員が心身の故障のため職務の執行ができないと認めるとき、又は委員に職務上の義務

違反その他委員たるに適しない非行があると認めるときは、両議院の同意を得て、その委員を罷免することができる。
12　委員は、第四項後段及び第八項から前項までの規定による場合を除くほか、その意に反して罷免されることがない。
13　委員は、職務上知り得た秘密を漏らしてはならない。その職を退いた後も、同様とする。
14　委員は、在任中、政党その他の政治団体の役員となり、又は積極的に政治運動をしてはならない。
15　常勤の委員は、在任中、内閣総理大臣の許可がある場合を除き、報酬を得て他の職務に従事し、又は営利事業を営み、その他金銭上の利益を目的とする業務を行つてはならない。
16　委員は、自己に直接利害関係のある事件については、その議事に参与することができない。
17　委員の給与は、別に法律で定める。

［委員長］
第二百五十条の十　委員会に、委員長を置き、委員の互選によりこれを定める。
2　委員長は、会務を総理し、委員会を代表する。
3　委員長に事故があるときは、あらかじめその指名する委員が、その職務を代理する。

［会議］
第二百五十条の十一　委員会は、委員長が招集する。
2　委員会は、委員長及び二人以上の委員の出席がなければ、会議を開き、議決をすることができない。
3　委員会の議事は、出席者の過半数でこれを決し、可否同数のときは、委員長の決するところによる。
4　委員長に事故がある場合の第二項の規定の適用については、前条第三項に規定する委員は、委員長とみなす。

［政令への委任］
第二百五十条の十二　この法律に規定するもののほか、委員会に関し必要な事項は、政令で定める。

判所ではない。その意味で、第三者性に疑問がないではないが、それが中央政府に対して行なう勧告は、事実上、かなりの重みがあると考えられている。

もちろん、国地方係争処理委員会の勧告内容が、自治体にとって、常に満足できるものであるという保証はない。委員会がなかなか勧告をしてくれないことも考えられるし、中央政府が勧告に従わないということも、考えられる。そこで、国地方係争処理委員会に審査の申し出をした自治体は、一定の場合に、高等裁判所に対して、問題とされた国の違法な関与の取消しや勧告に反応しない不作為の違法確認を求める訴えを提起することができることになった。

5 法令解釈の対等性

劇的な構造改革 以上の三点の改革を実効あらしめるために重要なのが、法令解釈の対等性の実現である。機関委任事務が多かった時代には、それが「国の事務」とされていたこともあり、中央政府の法令解釈は、自治体現場にとっては、まさに絶対的な意味を持っていた。ところが、機関委任事務が廃止されたことにより、この点に関しては、劇的な構造変革がなされた。それは、二つのレベルに分けて説明できる。

自分の事務になる　第一は、機関委任事務が「自治体の事務」とされたことにより、それに関する法律の規定について、中央政府からは独立した法令解釈が可能になったことである。第二は、法律全体の解釈に関する独立性である。法律は、自治体の事務ばかりを規定しているわけではない。自治体は、自治体の事務と関係する範囲で、自治事務以外の部分の法律解釈も独立してできるようになったのである。

「裁判所で会おう」？　法律は、国会が制定するものであって、中央政府が制定するものではない。自治体にとっては、住民の福祉の向上が実現するように、法令を解釈する

裁判所の前に国と自治体の法令解釈権は対等である

ことができるのである。そして、相対立する解釈同士の優劣は、裁判所が決することになる。

横浜市事件の意味するもの

二〇〇一年に、横浜市は、市税条例の一部改正によって、地方税法のもとでの法定外普通税である「勝馬投票券発売税」を導入し、同法の手続にしたがって、総務大臣の同意を求めた。ところが、総務大臣は、同税が地方税法六七一条三号の規定する「国の経済施策に照らして適当でないこと」という消極要件に該当するとして、不同意としたのである。そこで、横浜市長は、先にみた「国地方係争処理委員会」に、「総務省の法解釈は誤っている。」として、審査を申し出たのである。

総務大臣の判断の基礎には、総務省の地方税法担当部局の解釈がある。横浜市は、中央省庁の法解釈に異論を唱えているのである。どちらの法解釈が妥当であるかは、最終的には、東京高等裁判所・最高裁判所をつうじて確定されるが、いずれにせよ、この事件は、国と自治体の間の解釈の対等性を示したものと評することができる。裁判所の前に、国と自治体は、法解釈権において対等なのである。

6　自治体の行政領域と自主性の拡大

できることが増えた

別の視点からみると、今回の分権改革は、「地方自治の行政領域を拡大した。」ということができる。従来は、実質的には、中央政府が、かなりの行政領域を担当していた。また、それにあたっては、機関委任事務制度にみられるように、自治体の自主的決定ができないようになっていた。その結果、［図3］に示されるように、自治体がみずから担当できる行政領域は、狭かったのである。

国の役割は？

分権改革は、「国と自治体の役割分担の明確化」をしている。すなわち、地方自治法一条の二第二項によれば、国は、①国家存立にかかわるような事務、全国統一的に対応されることが望ましい国民の諸活動に関する事務、②地方自治に関する基本的な準則に関する事務、③全国的規模・全国的視点に立って行なわなければならない施策・事業の実施など、国が本来果たすべき役割を、重点的に担うこととされている。

［図３］分権改革前後の自治体の行政領域と自主性

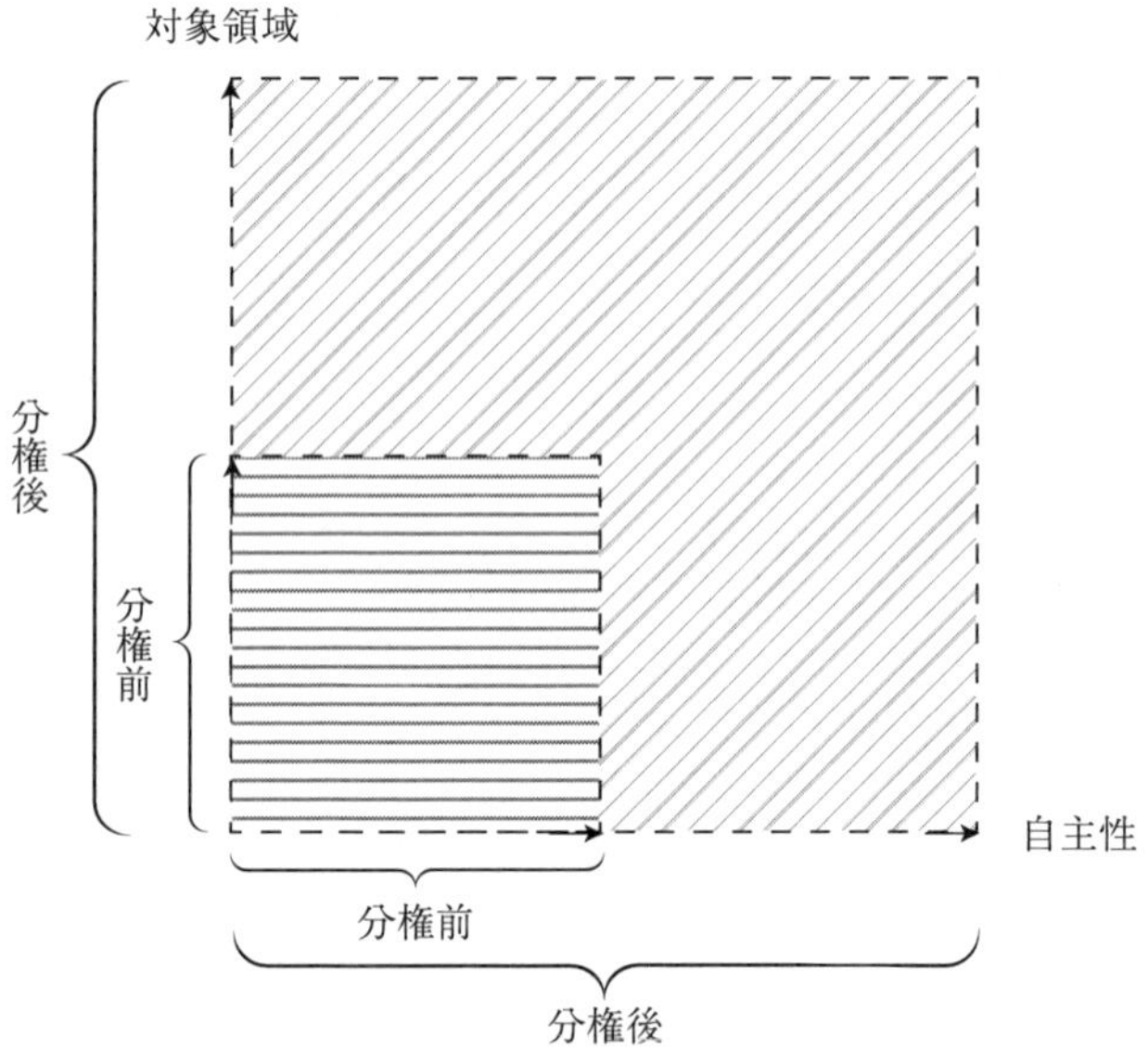

［技術的な助言及び勧告並びに資料の提出の要求］

第二百四十五条の四　各大臣（国家行政組織法第五条第一項に規定する各大臣をいう。以下本章、次章及び第十四章において同じ。）又は都道府県知事その他の都道府県の執行機関は、その担任する事務に関し、普通地方公共団体に対し、普通地方公共団体の事務の運営その他の事項について適切と認める技術的な助言若しくは勧告をし、又は当該助言若しくは勧告をするため若しくは普通地方公共団体の事務の適正な処理に関する情報を提供するため必要な資料の提出を求めることができる。

2　各大臣は、その担任する事務に関し、都道府県知事その他の都道府県の執行機関に対し、前項の規定による市町村に対する助言若しくは勧告又は資料の提出の求めに関し、必要な指示をすることができる。

3　普通地方公共団体の長その他の執行機関は、各大臣又は都道府県知事その他の都道府県の執行機関に対

自治体の役割とは？

一方、地方自治法一条の二第一項によれば、自治体は、「住民の福祉の増進を図ることを基本として、地域における行政を自主的かつ総合的に実施する役割を広く担う」とされている。このように、自治体の行政領域は、拡大したのである。また、機関委任事務制度が廃止され、それが法定受託事務と自治事務という「自治体の事務」に振り分けられることによって、自主的に対応することができる分野が拡大した。［図3］にみるとおりである。

し、その担任する事務の管理及び執行について技術的な助言若しくは勧告又は必要な情報の提供を求めることができる。

助言には拘束力はない

もちろん、自治体の事務となっても、それは国会がつくりだしたものであるから、国の関心事ではある。そこで、先にみたように、中央省庁の大臣は、その担任する事務につき、地方自治法二四五条の四第一項にもとづく技術的助言などをつうじて、自治事務の実施に関して、自らの見解を述べることがある。しかし、これは、機関委任事務制度のもとでの「通達」とは、まったく性質の異なるものである。従うべき法的義務があるものではない。

「合法的中央統制」を避けよ！

ところが、それが中央政府から出されるために、機関委任事務体質から抜け出されない自治体現場では、技術的助言を通達と同じく扱って、無批判に従う傾向がみられないではない。これでは、自己決定の結果として、「合法的な中央統制」が進んでしまう。分権が進むほど集権が強まるというパラドックスに陥ることになる。機関委任事務時代には、従わないという選択肢は、とりあえずはなかったから、仕方なかった。しかし、現在では、そうではないのである。

もちろん、技術的助言の内容が、自治体にとって妥当なものであるならば、それを採用するのは、当然である。ただ、いったんは自分の頭で考えなければならない。あくまで、自己決定にもとづく責任ある選択の結果でなければならないのである。

7 今求められていること

ボールは自治体側に……


今回の分権改革の中心的役割を果たしてきた地方分権推進委員会は、その最終報告『分権型社会の創造：その道筋』（二〇〇一年六月）のなかで、「地方公共団体関係者の意識改革を徹底して、第一次分権改革の成果を最大限活用し、地方公共団体の自治能力を実証してみせてほしい。」と述べている。今や、「ボールは自治体側に投げられた。」というわけである。

たしかに、地方財源の充実策については、今回の分権改革は、みるべき成果をあげなかった。一〇〇点満点の分権改革でなかったことはたしかであるが、できることをしないかぎりは、国の自治体不信は、払拭できない。財源などくるはずもないのである。第二次分権改革を現実のものとするためにも、前向きに考えなければならない。

踏まれている側から声を出せ！

中央政府の発想や運用が分権モードになっているかといえば、現実には、決してそうではない。都道府県行政についても、おおむねそうした状況である。足を踏んでいる側には、踏まれている側の痛みはわからない。都道府県が変わらないかぎりは、国は変わらない。市町村が変わらないかぎりは、都道府県は変わらないのである。

　機関委任事務制度を全廃し国と自治体との対等関係を制度化した今回の分権改革は、きわめて大きな構造改革であった。ところが、それを活かすための法理論は、まだ十分には開発されていない。骨格は変わったものの筋肉がついていっていない状況といってもよいであろう。大改革を支える法理論は、自治体の実践のなかから生まれてくるものなのである。

ボールは自治体側に投げられた

Ⅲ　課題として残された住民自治

1　自己決定と自己責任

団体自治改革としての分権改革　第一次分権改革は、団体自治と住民自治のうち、前者についての改革であったといわれる。機関委任事務制度の廃止、国地方係争処理委員会の創設、国の関与の法定主義は、自治体を国から独立させて対等性を確保することを目指している。

住民自治とは、自治体が自分たちでものごとを決めてゆくことであるから、それをどのようにして進めるかは、自治体内部の問題である。国からの一定の独立性を確保された自治体が、地域住民と地方議会・首長など地域住民の代表機関との関係を改善して、地域住民による自己決定・自己責任をどのように拡充・実現してゆくかは、それぞれの自治体に委ねられているのである。

「眠る」自由はない！　たしかに、地方分権は、多様性豊かな自治体を目指したものである。しかし、多様性といっても、「何にもせずに眠ったまま」という選択肢を認めたものではない。いかにして豊かな地域をつくってゆくか。それは、自治体を構成する住民・議会・行政の三者に課せられた課題なのである。

2　言葉の「重み」

読めない筋書き　最近、「自己決定・自己責任」という言葉を、地方政府が使うことが、多くなってきている。果たして、どれくらいの認識をもって用いられているのだろうか。

自己決定・自己責任の「自己」とは、「自治体全体」のことであって、「自治体行政」のことではない。ものごとは、ひとりで決めるなら、交渉コストもかからないから、楽である。庁内折衝はあるにしても、行政だけで決めるのも、楽であろう。しかし、本当に自治体全体で決めるとなると、不安定さは増大し予測可能性は低下する。イニシアティブをもって自治体決定を進めてゆく行政に、その覚悟はあるのだろうか。

楽することのコスト　これまで、優秀な職員像というのは、十分に検討した案をつくって、庁内外の根回しをして、それを「住民にご説明してご納得をいただく」ことができるような人ではなかっただろうか。なるべくトラブルを起こさないようにコトを進めることができる人ではなかっただろうか。

しかし、そうした行政運営をすることによって、住民自治能力が、犠牲にされていたのである。「行政お任せ」にさせることによって、「考えない市民・寝たきり市民」をつくっていた。国の権威に寄りかかって通達・条例準則をマル飲みすることによって、「考えない行政・寝たきり行政」をつくっていたのである。それは、もうありえない。「自分で考えよ」「自治体全体で考えよ」といわれているのが、分権時代なのである。

3　パートナーシップ

双方向的関係

「パートナーシップ（あるいは、協働）」という言葉も、最近、行政が多く使うようになってきている。パートナーシップの相手方としては、住民が想定されているようにみえる。ところで、パートナーとは、一体何だろうか。パートナーの条件とは、一体何だろうか。多くの人にとって、夫や妻は、人生のパートナーである。嘘をつかない、隠し事をしない、何でも話し合うといったことは、その条件であろう。また、パートナーとは、お互いがお互いを選んで成立する関係である。片方が一方的に選んで関係をつくるなら、それは、誘拐とか拉致であって、結婚とは呼ばない。パートナーシップとは、双方向的な関係なのである。

行政の片想い？

行政は、住民をパートナーとして指名しているのだが、はたして、住民は、行政をパートナーとして指名するだろうか。行政の「片想い」ではないだろうか。

たとえば、環境行政において、「ライフスタイルを変えましょう。」といわれることがある。

それならば、住民は、「閉鎖的・不透明な行政スタイルを変えてください。」というかもしれない。そうした声に反応せずに自分がしてほしいことだけを求めるならば、それは、パートナーたるにふさわしくない態度である。

4　「決め方の決め方」

「みんなで決める」　行政が市民参画を重視していることは、住民自治の拡充が求められている分権時代にあっては、きわめて適切といえる。しかし、これも、パートナーシップの観点から、考えてみる必要がある。

市民参画とは、結局、行政の決定過程におけるものであったために、行政がその手続や内容のすべてを決めていたといってよかった。これでは、「行政による行政のための市民参画」である。市民参画が住民自治の拡充にとって大きな意味を持っていることを考えると、どのように参画するのかを行政だけで決めるのは、適切ではない。自治体決定なのであり自治体行政決定ではないのであるから、決定手続の決定、すなわち、「決め方の決め方」をパートナーシップを踏まえて検討する必要がある。

Ⅳ　自治体ガバナンスの基本理念

どのようにするのか？　分権時代を迎えて、どのような自治体をつくるのか。どのように運営されるべきなのか。そうしたことは、どこに表現されているのだろうか。行政職員であっても、首長が住民自治の拡充に関して、首長がどのような考えをもっているのかを十分に理解している人は、それほど多くないであろう。もっとも、それは、全自治体的なものであるから、首長の考えが絶対であるわけでもない。

自治基本条例　最近では、地方分権の推進にあたっての基礎的な認識の共有をひとつの目的として、自治体ガバナンスの基本理念を、住民の総意である条例という形式で表現しようとする動きが見られる。「自治基本条例」として整理されるものがそれである。代表的なものとして、（北海道）「ニセコ町まちづくり基本条例」（二〇〇〇年制定）や（兵庫県）「宝塚市まちづくり基本条例」（二〇〇一年制定）がある。また、行政内部のものとしては、「川崎市地方分権推進指針」（二〇〇二年策定）や「群馬県自治推進計画」（二〇〇二年策定）がある。

Ⅴ 「政策法務」の世界

1 地方分権推進と政策法務

政策法務とは何か？ 自治体の運営にあたって、自治体にかなりのイニシアティブが与えられる分権時代においては、それを戦略的に進めるための制度や発想が、重要になってくる。そのために重要なのが、「政策法務」である。政策法務をどのように理解するかについては、いくつかのスタンスがあるが、私は、次のように説明している。

「地方自治の本旨の実現のために、住民の福祉向上の観点から、何らかの対応が必要と考えられる政策を、憲法をはじめとする関係法体系のもとで、いかに合理的に制度化・条例化するか、適法・効果的に運用するかに関する思考と実践」

ブームの理由　とりわけ地方分権時代になって政策法務が注目されているのは、以下のような理由によると考えられる。

第一は、これまでは、「政策策定＝中央政府、政策実施＝地方政府」というような実態があったが、機関委任事務制度の廃止や国の役割を限定する方針のゆえに、自治体が政策をつくる可能性が拡大したと理解されていることである。

第二は、とはいえ、憲法九四条や地方自治法一四条一項に改正はなく、「条例は法律に違反できない。」という法理に変化はないために、どのように合憲・適法な条例を制定するかに対する関心が、増大したことである。

第三は、国と自治体の法令解釈の対等性が実現されたために、「自分の頭」で法政策論・解釈論をする必要が生じたことである。

第四は、「法の支配」の徹底を目指す最近の社会の流れのなかで、「適法な行政」を自治体レベルでも実現する要請が、高まってきていることである。

第五は、そうした対応を可能にするように、自治体のパワー・アップが、求められていることである。

どのような条例を構想するか、あるいは、自治体運営をどのようにするかといったことは、自治体行政が独占的に考えるべきものではない。市民・議会も考えるし、自治体全体で考えるべきものである。その意味では、市民の政策法務もあれば議会の政策法務もある。そのうち、本書では、行政の政策法務を中心に述べることにしたい。

2　二つの政策法務

ウチとソト　政策法務には、二つの側面がある。［図4］に示すように、第一は、「対外的政策法務」であり、第二は、「対内的政策法務」である。

対外的政策法務とは、市民・事業者との法関係に関するものである。権利・義務に影響を与える条例の制定は、この代表的な内容である。中央政府から関与があった場合にどのように対応するかを考えるといったことも、対外的政策法務に含まれる。

対内的政策法務とは、庁内を規制・誘導する作用に関するものである。行政の意思決定をいかにして分権推進的にするかという意思決定論や分権推進的な発想を職員ができるようにするための人事論・研修論などが、この内容となる。

［図４］　２つの政策法務

政策法務 ｛ 対外的政策法務 / 対内的政策法務

政策法務というときには、ともすれば、その対外的側面だけに目が奪われがちであるが、いわゆる分権推進的条例を起案しそれを適切に実施してゆくためには、行政組織内の改革を同時並行的に進めることが、不可欠である。逆にいえば、分権推進型に組織を根本的に変えずしてされるような「小手先の政策法務」では、きわめて表面的な変革しかもたらされないであろう。

Ⅵ　対外的政策法務

1　条例制定権の範囲をめぐる新しい発想

（1）「条例制定権拡大」の意味

「拡大した」の意味　「分権改革によって条例制定権が拡大した。」といわれることが多い。これは、何を意味しているのだろうか。

第一は、「国の事務」であるがゆえに自治体議会の議決権の対象外におかれていた機関委任事務が廃止され、それが、基本的に、「自治体の事務」となったために、範囲が拡大したのである。都道府県事務の七～八割を占めるといわれていた機関委任事務が自治体の事務となったのであるから、対象領域の拡大には、著しいものがある。

第二は、国の役割の限定により、自治体の政策分野が相対的の増加したために、条例の対象領域も拡大したことである。

第三は、地方自治法二条一一～一二項に規定されているように、自治体に関する法律の規定は、地方自治の本旨を踏まえて国と自治体との役割分担に配慮したものでなければならないというルールが確立されたことである。また、同法二条一三項は、それが自治事務である場合には、自治体が地域の特性を踏まえて事務を実施できるように「特に」配慮しなければならないとされている。さらに、条文中の明示はないが、法定受託事務で

［地方公共団体の法人格及び事務］

第二条

⑪　地方公共団体に関する法令の規定は、地方自治の本旨に基づき、かつ、国と地方公共団体との適切な役割分担を踏まえたものでなければならない。

⑫　地方公共団体に関する法令の規定は、地方自治の本旨に基づいて、かつ、国と地方公共団体との適切な役割分担を踏まえて、これを解釈し、及び運用するようにしなければならない。この場合において、特別地方公共団体に関する法令の規定は、この法律に定める特別地方公共団体の特性にも照応するように、これを解釈し、及び運用しなければならない。

⑬　法律又はこれに基づく政令により地方公共団体が処理することとされる事務が自治事務である場合においては、国は、地方公共団体が地域の特性に応じて当該事務を処理することができるよう特に配慮しなければならない。

も、「それなりに」配慮することは、必要なのである。

（2）法令の規定が詳細な場合

規律密度が高いと手も足も出ないか？

こうしたルールは、憲法九二条が内包するものであった。しかし、現実にはそうなってはいなかったために、分権改革によって地方自治法が改正され、確認的に明記されたのである。

ところで、分権改革があったといっても、このルールにしたがって既存の法令が見直されて改正がされたというわけではない。また、地方自治法二条一一～一三項に規定される立法原則・解釈原則に照らして個別法令がどのように評価されるかということは、解釈の問題である。

現に、自治事務を規定する法律の内容が、過度に詳細にわたっているということはある。「条例は法令に違反できない。」のであるから、規律密度が高い法令の場合には、それが自治事務で自治体議会の条例制定権の対象となるといっても、実際には、ほとんど何もできないのであろうか。これを消極的に解する立場が、自治体現場には多いように思われる。

法令を所与とみるな！

しかし、法令を所与とみてはいけない。地方自治法二条一一～一三項が制

[図５]「法令」に関する狭義説と広義説

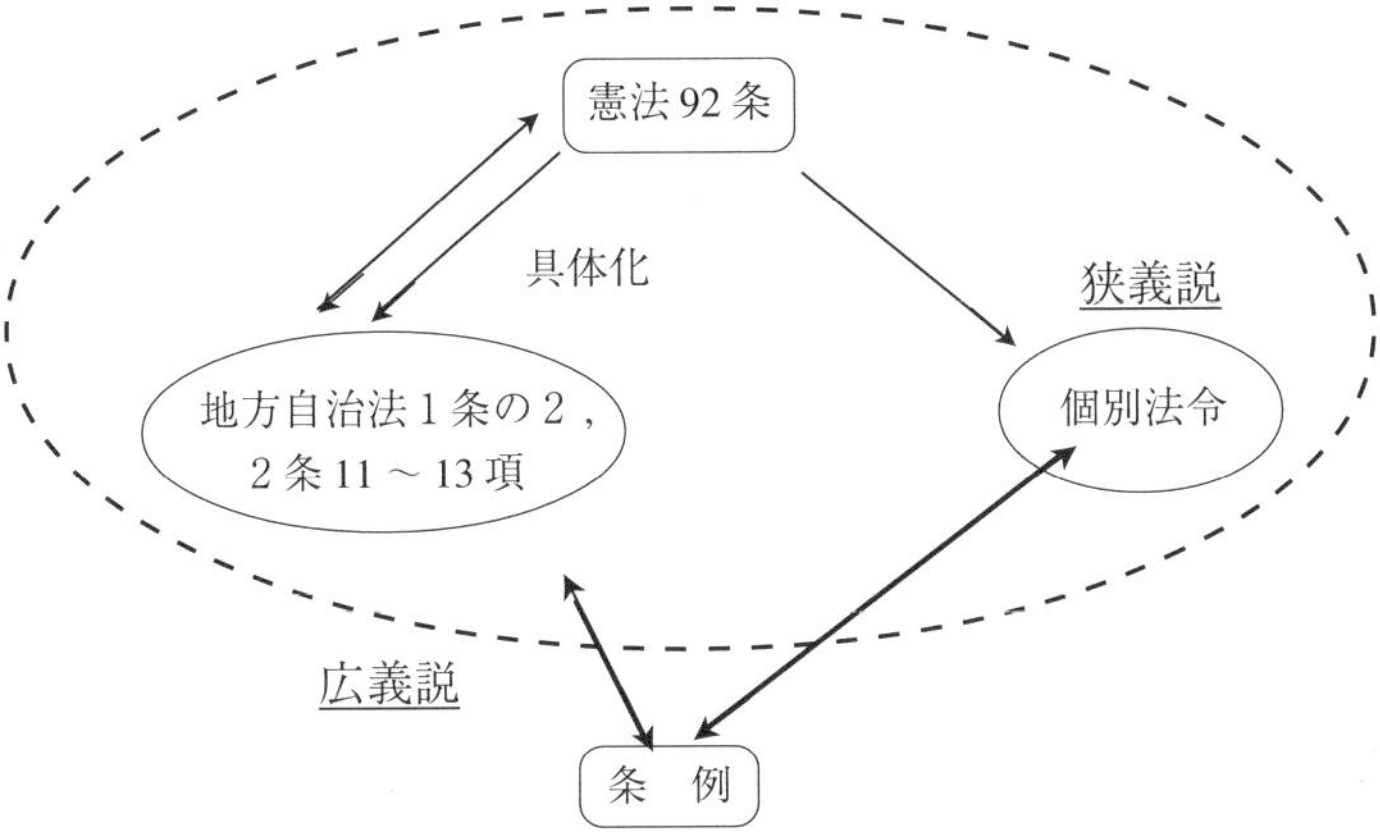

定された背景には、それまでの法律制度が、憲法九二条に照らして問題であったことがある。憲法九二条のもとであるべき法原理や解釈原理を示したのが、地方自治法二条一一～一三項であり、その意味では、これらの規定は、憲法九二条の具体化といえるのである。したがって、地方自治法二条一一～一三項の立法原則・解釈原則に反するような個別法令は、憲法違反となる。そこで、現行法令は、これらの原則と整合するように解釈されなければならないのである。

法令は標準的　たとえば、自治事務に関する法令の規定が、過度にまで詳細に規定されていて、地域の特性を反映した裁量権行使ができないようになっている場合には、そうした規定は、憲法違反の疑いがある。しかし、それは全国的にみて「標準的」な内容を規定したものと解釈して、自治体の事情があれば、法律の趣旨目的の範囲内で、独自の内容を条例で規定することも可能である。政令で条例が制定できる範囲が規定されていても、それは、「標準的」なものであるから、必要性があれば、それを上まわる内容を条例で規定して法律上の権限行使の基準とすることは、可能と解される。

「法令」というのは、個別法令だけではない。憲法九二条や地方自治法一条の二、同法二条一一〜一三項を含んだものと解すべきなのである。[図5]に示すように、「狭義説」ではなく「広義説」が妥当ということになる。

(3) 法令の規定に解釈の余地がある場合

「何にも書いてない」　逆に、自治事務に関する法令規定が、きわめて曖昧な場合はどうであろうか。それが許可基準であるなら、法治主義の要請から、国会が、明確な規定をおくべきものである。もちろん、地域特性を反映した規制内容にするために、自治体議会の条例制定権に留保されている部分もあるだろう。いずれにせよ、そうした場合には、自治体議会が、「自分の事務」である自治事務に関して、基準を具体化・詳細化する条例を制定することは可能というべきである。

それは、法治主義にのっとった分権対応である。たとえは、「墓地、埋葬等に関する法律」は、許可基準を法定していないが、「熊本市墓地等の設置等に関する条例」（二〇〇〇年制定）をはじめ、多くの自治体は、条例で、許可基準を規定している。

法令基準を具体化する　また、曖昧ではないけれども、解釈の余地がある言葉で規定されている場合は、どうであろうか。法律によって権限が与えられている首長が解釈によってそれを具体化・詳細化することができるのは、いうまでもない。許可の審査基準を策定することは、行政手続法五条によっても、求められているところである。そこで、神奈川県知事は、関係する個別法の審査基準のひとつとして、「神奈川県土地利用調整条例」（一九九六年制定）の手続を終了していることとその手続の結果として「適」と評価された開発計画であることを規定しつつある。基準の具体化・詳細化である。

行政手続法
［審査基準］
第五条　行政庁は、申請により求められた許認可等をするかどうかをその法令の定めに従って判断するために必要とされる基準（以下「審査基準」という。）を定めるものとする。
2　行政庁は、審査基準を定めるに当っては、当該許認可等の性質に照らしてできる限り具体的なものとしなければならない。
3　行政庁は、行政上特別の支障がある場合を除き、法令により当該申請の提出先とされている機関の事務所における備付けその他の適当な方法により審査基準を公にしておかなければならない。

自治体の事務ゆえ議会だって……

それが自治体の事務である以上、条例によってそうした作業をすることも、可能と解される。機関委任事務制度のもとでは、自治体議会には、この点に関する条例制定権はなかった。しかし、機関委任事務が廃止された現在においては、首長が持っている許可権限は、国会が直接与えたものと整理されるべきではない。

それが、自治体の事務である以上、国会がいったんは自治体の事務として創設して、その実施を、代表である首長に受任させているのである。したがって、自治体の事務であるという点で、自治体議会の条例制定権の対象となるのである。たとえば、砂利採取法は、採取計画認可の基準を規定するが、その内容は、定性的であり解釈の余地がある。そこで、北海道は、「北海道砂利採取計画の認可に関する条例」（二〇〇一年制定）のなかで、審査に際して提出が必要な書類を、追加的に規定した。これも、条例による基準の具体化・詳細化である。

（4）霞が関の発想

「できることは書いてあげる」

自治体としては、法律案策定作業に深くかかわっている中央政府の官僚がどのような発想を持っているのかを理解することが、重要である。私の印象では、彼らは、法律に関して条例を制定することができる場合には、その旨を明確に規定すると考えるように思われる。土地所有権に対する規制は明文なく条例ではできないと考える中央官庁もあるから、そうしたクラシックな理解を前提にすると、条例規定を法律に設けることは、当然といえば当然であった。また、どの程度の内容を規定できるかも、詳しく規定する方針である。それが「自治体のため」だからである。これは、法律官僚の「本能」である。

機関委任事務は、そもそも自治体議会の条例制定権の範囲外であったから、機関委任事務とリンクするような条例の可否は、法律規定のいかんによっていた。しかし、現在では、旧機関委任事務は、法定受託事務と自治事務という「自治体の事務」に振り分けられている。中央政府がどういう解釈をしようと、それが自治体の事務に関するかぎりは、

おせっかいにも法律に詳しく規定しようとする霞が関官僚

対等に法解釈をすることが、可能になるのである。

小さな親切
大きなお世話

過度に詳細な規定は、たとえ霞が関が「自治体のため」を思っていたとしても、自治体にとっては、「大きなお世話」となることもあろう。その場合には、中央省庁の意図はさておいて、先にみたように、自治体独自の解釈を踏まえて条例を制定することが必要なこともありえよう。

2 行政手続法制と要綱の条例化

(1) 習得すべき行政手続法制の知識

「私の担当では
ありません」?

一九九三年に制定された行政手続法、そして、その後に制定されている自治体の行政手続条例は、分権時代の政策法務を進める職員にとって、必須の知識である。ところが、職員研修をしていての実感であるが、行政手続法制に対して十分な知識を有しない職員が、少なからずいる。「私の担当ではないから知りません。」と、思わずのけぞるようなことを平然と言ってのける人すらいる。これは、とりわけ対外的政策法務を考える際に、深刻な事態である。

たしかに、実際に紛争でも発生しないかぎりは、行政手続法制を職員が認識することは、少ないのかもしれない。しかし、そうした受け身的な対応ではなくて、行政手続法制の観点から自分たちの実務運用を見直して、分権時代にふさわしい対応をしなければならない。

行政は要綱がお好き？　たとえば、これまで、自治体行政は、条例を回避して要綱による傾向があった。その理由は、多様であるが、「議会対策が面倒」「要綱でも効果はある」といった点があげられている。要綱のもとでできることは行政指導だけであるが、行政指導にそれなりの効果があるために、条例化をする

［条例の制定及び罰則の委任］
第十四条　普通地方公共団体は、法令に違反しない限りにおいて第二条第二項の事務に関し、条例を制定することができる。
② 普通地方公共団体は、義務を課し、又は権利を制限するには、法令に特別の定めがある場合を除くほか、条例によらなければならない。
③ 普通地方公共団体は、法令に特別の定めがあるものを除くほか、その条例中に、条例に違反した者に対し、二年以下の懲役若しくは禁錮、百万円以下の罰金、拘留、科料若しくは没収の刑又は五万円以下の過料を科する旨の規定を設けることができる。

インセンティブが湧かなかったのであろう。

行政指導に従うかどうかは、あくまで相手方の任意である。そこで、「従っても従わなくてもどちらでもいいのか。」と行政職員に聞くと、「いや、行政指導は従ってもらうものです。」という答えが返ってくる。

「拡大」のもうひとつの意味

それならば、権利義務を制約しているのであって、地方自治法一四条二項の観点からも、条例化をすべきである。相手の立場で考えるべきなのである。法治主義からは当然のことを述べている一四条二項が新たに規定されたのは、ひとつには、条例制定権の拡大と関係がある。以前ならば、法律との関係で違法とされるかもしれなかったために要綱による対応があったのであるが、今後は、分権適合的な解釈によって、条例制定権を活用することが期待されているからである。

（2）条例化戦略

割切りをせよ！

そのためには、庁内の要綱の条例化作業が、進められるべきである。「要綱であっても問題はない。」というのは、要綱を存置する理由にはならない。それにより権利制約をしているのである。条例化しないのは、「足を踏んではいるが相手が痛いといわないので踏み続けている」ようなものである。

庁内に要綱がどれくらいあるかは、よくわからないところがある。とはいえ、主要な要綱は把握できるであろうから、それの条例化を、検討すべきである。もちろん、要綱には、要綱にしておくべき積極的な理由がある場合もあろう。しかし、その判断は、原課にのみ委ねるべきではない。「条例にしない」ことの理由を庁内外に説明させるような仕組みが必要である。これは、次にみる対内的政策法務のひとつの内容でもある。

3　パブリック・コメント制度

自治体の標準装備　自治体のなかで自治体行政の意思をどのように決定してゆくか。これは、「決め方の決め方」の問題でもある。従来は、行政が原案を固めて、最終段階で住民に説明をしてそれで終わりということも、多かった。また、中間案段階で意見を聴くとしても、その手続や聴取された意見の扱いは、全面的に行政に委ねられることが、多かった。

最近では、「パブリック・コメント制度」という名のもとに、これを制度化する傾向がみられる。条例よりも要綱にもとづいていることが多いが、要綱であっても、それは行政にとっては自己拘束的であるから、それなりのルールにしたがうことが、求められている。自治体の意思決定の仕組みの一部を構成するものであるから、基本的には、条例化することが望ましい。この仕組みは、行政手続条例・情報公開条例・個人情報保護条例などとならんで、「自治体の標準装備」のひとつとなるだろう。

パブリック・コメント制度のもとでは、十分に変更・修正が可能な段階で、行政決定の素案を必要な資料とともに公開し、住民・事業者の意見を求める。そして、個別的にではないが、意見に対して行政の考え方や素案の修正の方向を回答し、最終的決定に至る。

限定されてはいるが、住民・事業者との一種の「対話」を経て、行政の意思決定をなるべく「自治体の意思決定」に近づけてゆこうという試みである。どのようにすれば、より合理的な運用が可能になるか。対外的政策法務の手続的側面として、自治体独自の工夫が求められるところである。

「議会軽視！」　なお、条例案をパブリック・コメント制度の対象とする場合に、執行部幹部や議会から、「議会軽視である。」といった声があがることがある。しかし、これは、条例案をよりよくするための手続なのであって、審議は、議会で、たっぷりとすることができるのであるから、的はずれの批判である。素案にコメントをしたければ、議員も一人の市民・事業者としてすることができるのである。

もっとも、理屈はそうであるが、実際には、行政は、条例素案をパブリック・コメントにかける直前に全員協議会の場などで、議員には説明しているようである。「特別扱いされたい方々」に対しては、それなりに気をつかっている。

Ⅶ　対内的政策法務

1　首長の提唱する分権改革・意識改革を内部化するために

ヤル気十分！　分権時代になって、知事・市町村長が、分権を推進しようという趣旨の発言をすることが、増えてきた。「分権の成果を踏まえて自己責任・自己決定を進めよう。」「分権推進のためには意識改革が重要である。」といった内容である。こうした認識をして、それを外部的に表現することは、重要ではある。ところが、私が職員研修などの場で自治体職員と接していて気になるのは、「具体的にどうするのか」を、職員が、ほとんど認識していないことである。

馬耳東風？　結果的に、首長の「やる気」は空回りしていると感じることが、少なくない。「また、知事がいっている。」というような発言も、耳にしたことがある。

首長は、政治家であるから、その発言を庁内にどのように浸透させるかを考えるのは、副知事・助役・総務部長といったポストの人だろうか。そうした人たちが、首長の意向を受けて、具体的な対内的政策法務戦略を立てる必要がある。首長の「やる気」を幹部に伝え、それを一般職員に伝え、そして、行政の「やる気」が自治体全体に広がってゆく。そうした戦略が、必要なのである。

2　「自治力養成ギプス」

鍛えよ自治筋！　地方分権時代において、団体自治と住民自治を拡充・推進するために必要となるパワーのことを、私は、「自治力」と呼んでいる。それは、一朝一夕に養成されるものではな

自治力養成ギプス

い。普段からのトレーニングが、大切である。そのために、比喩的であるが、私は、自治体行政に「自治力養成ギプス」をはめる必要があると考えている。

ちょっときついくらいの強さのスプリングをつけたギプスをはめて日常業務をすることにより、次第に「自治筋」が鍛えられ、分権時代の自治体を運営する行政職員としての実力がついてゆくというストーリーである。スプリングの種類は、多様であろう。先にみた行政手続法制を十分に認識させるような庁内手続の整備は、そのひとつである。また、要綱の条例化を検討させることやパブリック・コメント制度も、スプリングとなる。そのほかにも、以下のようなものが、考えられる。

3　職員研修

大盛況の政策法務

とりわけ、地方分権一括法が施行された二〇〇〇年四月以降、「政策法務」というテーマの職員研修が、激増している。それまであった行政法研修をスクラップして、新たに立ち上げることも、少なくない。これは、「自治力」をつけることを目指して企画・実施されているのであり、「自治力養成ギプス」のひとつの内容といえる。

少なくない「マル投げ研修」

政策法務の内容は、実に多様であり、担当する者の数ほどあるといっても言い過ぎではない。また、定番的内容があるわけでもない。そうしたことからか、依頼をする側に、「どのような内容の研修にしたいのか。」と聞くと、「先生のお好きなように。」という回答が返ってくることが、少なくない。

研修をどうしたいかというのは、自治体行政をどう変えたいかということにつながる。その展望がない担当者は、失格である。研修講師をみつければ仕事は八〇％終わったと考える者も、いないではない。もっと勉強すべきである。

「追っかけ」のススメ

また、せいぜい二日程度の研

追っかけのススメ

修の効果をどのように継続的に発揮させるかについても、工夫が必要である。私は、受講生のうち、「これは!」と思う五～一〇%程度の職員に目をつけて、研修終了後も、研修担当者が、庁内LANをつうじて、「研修との関係で最近の業務について思うところはないか。」といったことを半年くらい継続して聞くように提案している。

「混浴」のススメ　職員研修といえば、対象は職員だけである。しかし、最近では、職員研修のなかに市民・事業者を含めた研修をする自治体が増えているようにみえる。これは、行政のタコツボ的発想をまったく異なる世界の人にさらすことによって、相互理解を深めることを目的にしたものであろう。議員を含めていいかもしれない。私は、「混浴制研修」と呼んでいる。

4　分権推進的な条例制定のための組織

原課と企画の「距離」　自治体の政策は、いわゆる原課が起案することが多い。私の印象では、庁内でも、分権担当を含み、あるいは、それと近いところに位置する企画部門は、地方分権改革の成果については、それなり理解している。しかし、原課は、必ずしもそうではない。比喩的にいえば、「原課と分権担当の距離は、原課と霞が関の距離よりも遠い」のである。したがって、機関委任事務体質を改めるには、それ相当の戦略にもとづいた組織的対応が、必要である。

分権ボトルネック　たとえば、(神奈川県)横須賀市役所では、全庁的に職員を集めた組織である「政策法務委員会」を行政管理課に設置して、[図6]に示すように、政策事項を含むと考えられる原課の条例案を、この委員会で審議することにした。委員会のメンバーは、横須賀市において地方分権を推進するにはどのような対応が適切かといった視点から、原課の原案をチェックするのである。これは、一種の「分権ボトルネック」である。こうした手続を経なければならないとなると、原課は、どのような審査がされるのかを前もって予測して、原案作成に取り組むことになる。この繰り返しをつうじて、原課も、中央政府などの意向に沿った思考をするのではなく、市長の政策方針を基本にした同市独自の思考をすることができるようになるのである。

また、横須賀市役所は、中央政府や県行政から「調査依頼」のような文書がくれば、安易に応ずるのではなく、財務担当と分権担当に相談せよという通知を総務部長名で出している(「国県からの法令に基づかない事務の委託に関する取扱いについて(通知)」(二〇〇〇年))。法令にそうしたことが規定されていれば別であるが、そうでないかぎりは、自治体行政の側に、依頼に応ずる義務は

［図６］横須賀市政策法務委員会

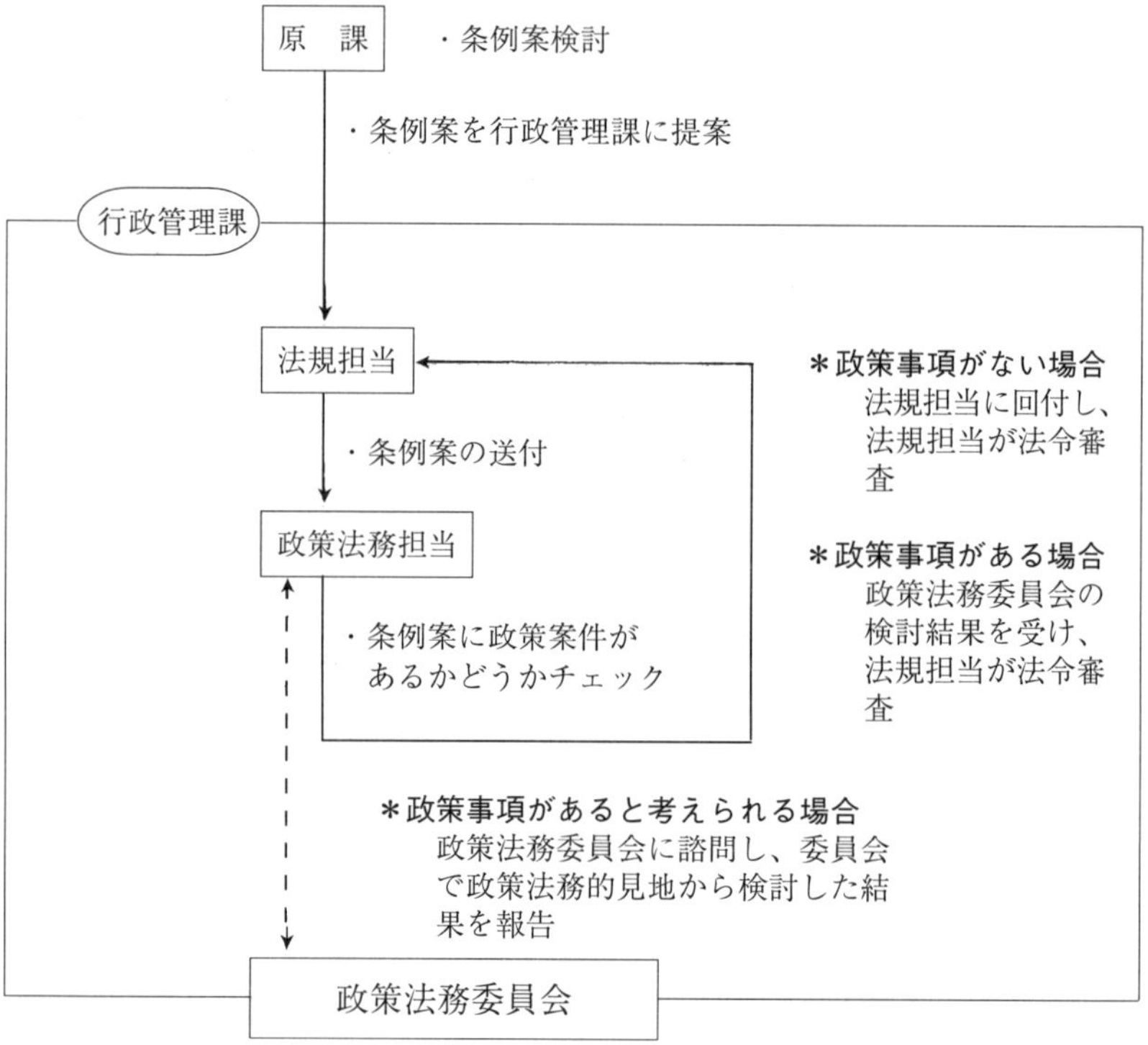
原　課
・条例案検討
・条例案を行政管理課に提案
行政管理課
法規担当
＊政策事項がない場合
法規担当に回付し、法規担当が法令審査
・条例案の送付
政策法務担当
＊政策事項がある場合
政策法務委員会の検討結果を受け、法規担当が法令審査
・条例案に政策案件があるかどうかチェック
＊政策事項があると考えられる場合
政策法務委員会に諮問し、委員会で政策法務的見地から検討した結果を報告
政策法務委員会

［出典］ http://www.city.yokosuka.kanagawa.jp/bunken/t0305.html

ない。対等関係なのであって、契約を締結してしかるべき料金がもらえれば応じてあげてもよいという発想である。これも、ボトルネックの創設である。

分権時代の条例論は、機関委任事務時代のそれとは、随分と異なるものになるはずである。しかし、発想の転換は容易ではないし、大きな構造変革を受け止めるだけの解釈論があるわけでもない。庁内の意思決定手続を変えると同時に、条例論の開発にも取り組む必要があるだろう。

シャブ中毒患者の禁断症状？

機関委任事務体質に染まった現場職員のなかには、自ら決定する場面においても、中央政府からの指示がほしいと思う者がいるだろう。これまで、通達という心地よいシャブ注射に慣れてきた体なのに、それがいきなりこなくなるのであるから、「ウウッ、通達がほしい。」という「禁断症状」が出るかもしれない。そこで、それを乗り越えて自己決定・自己責任を徹底することができる体質に改革するためにも、自治力養成ギプスを個人や組織にはめることが、必要になるのである。

シャブ中患者の禁断症状

Ⅷ　条例改革の発想

1　例規集をみてみよう

職員にとってわかりにくい条例

「条例をつくる」ばかりが、政策法務ではない。既にある条例をより合理的なものにしてゆくための作業も、対外的・対内的政策法務のひとつの要素である。これを、「条例改革」ということにしよう。

職員研修の場で、受講生に対して、「あなたの自治体の例規集にある条例をみた印象はどうですか?」と質問すると、半数以上が、「わかりにくい。」と回答する。行政職員にとってわかりにくい条例が、市民・事業者にわかりやすいはずはない。条例のほとんど首長提案によるものであることを考えれば、「わかりやすい条例」にする努力が、必要である。条例は、市民・事業者とのコミュニケーションの手段なのである。わかりにくい条例なら、市民・事業者は、結局は、行政に聞かざるをえない。「行政に依らしめている」結果になっていることに、注意が必要である。

「どうせみないから……」　行政職員も「わかりにくい。」と感じる条例がなぜ制定され続けるのかは、興味深い現象である。実のところ、行政職員は、条例をみて仕事をしていないからではないだろうか。マニュアルや前例にしたがって仕事をしているかぎりは、条例に何と書かれていようが、大して関係ないといえば、いいすぎだろうか。

2「行政の裁量が多い」

気づかれない議会軽視　「規則で定めるところにより」というフレーズを多用するという特徴も、条例にはある。行政としては、議会を回避して、なるべく裁量権を自分の手元においておきたいと考えるようである。しかし、これは、「議会軽視」もいいところである。パブリック・コメント制度の対象に条例案を含めることに対して、議員は、「議会軽視」とわめくことがあるが、それどころではない。重要な政治的決定の機会を議会から奪っているのである。政治的なことは、政治的に決すべきである。

3 そのほかの特徴とその理由

法律の悪癖の拡大再生産

そのほかにも、行政と規制対象との「二面関係」が正面に出されており周辺住民などの第三者的利益が十分に考慮されていない、条例の実施過程を行政が独占しており市民参画の機会が少ない、行政が訴訟で負けないような条文構成になっている、といった特徴がある。

これは、ひとつには、条例が、国の法律を手本として起案されるからである。また、中央政府が示す「条例準則」を無批判に踏まえて起案されることも、その理由である。条例がコミュニケーションの手段であるとすれば、わかりにくさというのは、致命的欠陥のはずである。しかし、これまで、自治体行政は、必ずしもこうした点に自覚的であったわけではない。「又は・若しくは・及び・並びに」といった法律条文の「お作法」は重要であるが、分権時代にあっては、既存条例も含めて、住民自治の観点から、条例のスタイルを考えなおす必要がある。

4　一般的法政策を具体化する

法律の大きな影響

また、一九九三年制定の行政手続法が「公正の確保と透明性の向上」という文言を用いたことから、行政手続条例にも、同様の文言が用いられている。さらに、一九九九年制定の「行政機関の保有する情報の公開に関する法律」が「説明する責務」「国民の的確な理解と批判の下にある構成で民主的な行政の推進」という文言を用いたことから、既存あるいは新規の情報公開条例には、こうした文言が用いられることが、多くなっている。

公平性・透明性・アカウンタビリティ・民主性は、何も行政手続や情報公開という領域の専売特許ではない。ほかの行政分野においても妥当すべき理念であり、住民自治を考える際には、とりわけ重要な意味を持っている。

個別条例への浸透を

そこで、たとえば、既存のまちづくり関係条例や福祉関係条例が、こうした観点から十分であるかどうかをチェックして、必要であれば、改正すべきである。もっとも、こうした作業を、どちらかといえば腰の重い原課のみに委ねていたのでは、実現可能性は少ない。分権時代における条例整備方針のようなものを全庁的に策定し、その実施を原課に求めるとともに、分権担当がその進捗状況をチェックすることが、必要である。

5 条例の効果測定

産みっぱなし！

条例は、制定されるときには、世間の注目も集め、行政もエネルギーを傾注するが、いったん制定されてしまうと、人々の関心は薄れてゆくものである。実際、「産みっぱなし」となっていて誰もその効果に関心を持たない条例は、少なくない。

そこで、条例改革の一環として、不要な条例を整理するという作業が、されてよい。法技術的には、廃止条例を提案することになる。しかし、そうなると、「この条例をどのように実施してきたのか。」「本当に不要なのか。」といった質問が出されることになり、ヤブヘビである。提案理由を説明するのが面倒とも考えられるであろう。地方分権一括法ではないが、一括廃止条例の別表に「安楽死させる条例候補」をぶらさげるというのは、どうであろうか。

見直し条項を入れる

いったん条例が制定されると、未来永劫その効力はあるというのが原則になっていることも、変えるべきである。最近では、条例の附則に、「三年後に見直す。」といった条項を規定するものが、少しずつではあるが、出てきている。これは、個別条例というよりも、自治体全体の条例方針にかかわることである。そうしたところで、規定すべきであろう。

不作為のアカウンタビリティ

そうなれば、見直し時期の一年くらい

条例安楽死のススメ

前には、その条例の効果をチェックして、改正すべきところがあれば改正するようになる。もちろん、見直した結果、「改正の必要なし。」という結論になる場合もあろう。しかし、その場合には、「なぜ改正の必要なしなのか。」を説明する責任が課されることになる。いわば、「不作為のアカウンタビリティ」を、担当部局に課しているのである。

条例を議決するのは議会であるが、余程の事件でもないかぎりは、「生みの親」である議会が、条例の実施過程に関心を持つことはない。議会に期待することもできないだろう。住民自治拡充の具体的方策のひとつとして、条例改革を推進すべきである。

6　規制改革の発想

国にならった対応を

政策法務の観点からは、「規制改革」という発想も、重要である。これは、何も、中央政府だけのものではない。自治体には自治体なりの規制改革があってよい。

要綱にせよ条例にせよ、それがもたらすコストについては、行政の側に、それほどの関心があるわけではない。しかし、規制改革は、時代の流れである。「許可制でなく届出制」「届出制でなく登録制」「行政規制でなく情報を用いた市場によるコントロール」といった政策的可能性の観点から、既存の仕組みを見直す必要がある。

これも、全庁的取組みが必要である。条例改革とあわせ、分権時代における「自治体改革」のひとつの柱として、考えてよいだろう。

Ⅸ　職員の意識改革を可能にする組織の意識改革

1　自治体行政の分権推進戦略

戦略なき号令？　分権時代になって、「職員の意識改革」を強調する首長は、多くなっている。しかし、先にもみたように、具体策はほとんどないというのが、多くの実情である。「意識改革せよ！」のかけ声で意識が変わるなら、不祥事などは再発しないはずである。対内的政策法務のそれぞれの対応は、どのようにして変革するかを、考えたものであった。

人事評価システムを変えよ！

これを違った角度からみてみよう。それは、「個人の意識改革を支える組織の意識改革」である。これには、とりわけ、人事評価制度が、重要である。

自治力を高めるとなると、かなりの程度、個人の努力にかかってくる。庁内外で勉強をしなければならないのであるが、機関委任事務体質が根強く残る現場で「よく勉強をする職員」は、普通は、「浮いた」存在である。また、それまでの制度や運用を変更しようとすれば、ひとりの意思ではできないから、上司や同僚を巻き込んでの作業となる。何かトラブルが発生していれば「仕方ない」のかもしれないが、そうではないにもかかわらず「寝た子を起こす」ようなことをするインセンティブは、現場にはないのが、通例である。アカウンタビリティが必要なのは、「作為」に対してあって、「不作為」に対してではない。

分権改革の意義を理解しない上司と衝突することが、あるかもしれない。人事評価権はそちらにあるから、（おそらく）それゆえに人事上不利な扱いを受けることがあれば、誰も怖くて意識改革などできない。意識改革を真剣に唱えるならば、やる気のある職員が「安心して」意識改革をすることができるような環境をつくらなければならない。「面倒なことには首を突っ込みたくない」と考える組織文化を、変革しなければならないのである。

2　研修担当・分権担当のその後

「別れたら別の人」？　私は、研修担当とおつきあいをすることが多い。「講師マル投げ研修」でないような場合には、なぜこの研修が必要なのかを、それなりにきちんと説明してくれる。「分権時代にこそ政策法務的発想が重要である。」「機関委任事務体質から脱却する必要がある。」「要綱を条例化するのが適切である。」などなど、正論である。ただ、気になるのが、研修担当の異動後である。

研修担当は、果たして、異動後も、原課において、高い志（こころざし）を保ち続けるのだろうか。追跡調査したわけではないので、たしかなことはいえないが、正面切って質問すると、答えに窮する担当者が多い。研修担当課と「別れたら別の人」となるような職員の話など、原課職員は真面目に聴かないであろう。分権担当の場合も、同様である。

異動後の研修担当

X　今かく汗は孫のため？

1「行政改革はハード、分権改革はソフト」

即効的ではないけれど……

行政改革は、ハードである。数年やれば数億円もの節約や数十人程度の人員削減が、目に見えるかたちであらわれる。政治家たる首長にとっては、選挙民に対する大きなアピールになる。

これに対して、分権改革は、ソフトである。その成果がいつあらわれるのかは、まったく不明である。五年後かもしれないし、一〇年後かもしれない。いつ実現するともわからない作業に汗をかくのは、職員としては、つらいものであろう。自分の在職中には、実現されないかもしれない。「今かく汗は孫のため」かもしれない。

そうであるからこそ、自治体のリーダーたる首長のスタンスが、重要になるのである。「今は大変であるが将来の自治体を豊かにするために頑張ってくれ。」といえるリーダーが、求められている。

2　土壌をつくる

「マイ・ペース行政」からの脱却を

「自治体と自治体行政とは違う。」ということを述べた。これまでに議論してきたことは、自治体行政にとっては大変なことではあるかもしれないが、それによって自治体全体がよくなれば、それでよいのである。

これまで、行政は、自分のペースで自治体運営をしてきた面がある。しかし、住民自治とは、「自治体全体で議論して決める」ことであるから、行政にとっては、これからは、不安定さが増大し予測可能性が低下するかもしれない。行政だけで自治体運営ができないことは、行政自身も認識していることであろう。とするならば、まわり道になるけれども、市民や議会の自治筋を強化し、パートナーであるそれらとのコミュニケーションをつうじて、行政もパワーアップすることが、必要になる。

土壌が豊かでないと、大きな樹木も育たない。分権時代において輝ける存在となるには、それなりの戦略とそれにしたがった努力が、必要である。市民・NPO・議会・行政というそれぞれの土壌を豊かにするために、政策法務という発想は、自治体にとって、大きな武器になるのである。

■おわりに

道なき道をゆく　政策法務は人である。そして、人を育てるのは組織である。分権時代において、自治体行政をどのように分権モードに切り替えていくかは、組織の周到な戦略がなければならない。

それにあたって、手本はない状態にある。先例的価値のある判決が、出されているわけでもない。学界の理論的サポートが、すぐには期待できるわけでもない。自分で解釈論を展開するしかない。自治体行政の「文化」にあった改革メニューは、まさにオーダーメイドなのであって、どこかの自治体のやり方をそのまま移植すればすむというものではない。

とはいえ、自治体のネットワークのなかで、「先進的自治体」に学ぶことは、大いに必要である。ただ、その際には、分権時代における明確な問題意識を持っていないと、たんに形式的な移植に終わるおそれがある。

不退転！

第一次分権改革が断行され、分権時代がはじまった。しかし、地方分権を待ちに待っていた自治体がどれくらいあるかと問われれば、それほどはないというのが、おそらくは、正しい評価だろう。そうした背景があるために、進むべき方向ははっきりしていはいるものの、「進み方」がわからない自治体は、少なくないように思われる。ほとんどが、手探りでよたよたと歩きはじめたばかりである。ただ、立ち止まることはできないし、引き返すこともできない。

理想的シナリオ

どのように自治体を運営するのかを、自治体全体で議論して、その方針を文章化する。それにもとづいて、市民・議会・行政が、それぞれの役割を踏まえて、自治力を高めるための活動をする。その結果、法律を地域の特性に応じて運用し、そして、独自の創意工夫をした施策によって、住民福祉が向上する……。まったく、「言うは易し・行なうは難し」である。どのようにすれば、よいのだろうか。私自身も、十分に具体的な戦略を提示できる状態にはない。この小冊子では、「政策法務」を中心にして、私なりの「とりあえずの第一球」をお届けした次第である。

（本稿は、二〇〇〇年十二月一日、朝日カルチャーセンターで開催された地方自治講座の講義記録をもとに書き下ろしたものです。）

photo／高坂敏夫

【著者紹介】
北村喜宣（きたむら・よしのぶ）
上智大学法学部教授
1960年・京都市生まれ。

1986年・神戸大学大学院法学研究科博士課程前期課程修了、1988年・カリフォルニア大学バークレイ校大学院「法と社会政策」研究科修士課程修了。横浜国立大学経済学部助教授などを経て、現職。専攻は、行政法学・環境法学。

著書として、『行政執行過程と自治体』（日本評論社・1997年）、『産業廃棄物への法政策対応』（第一法規出版・1998年）、『環境政策法務の実践』（ぎょうせい・1999年）、『環境法入門』（共著、日本経済新聞社・2000年）『自治体環境行政法〔第二版〕』（良書普及会・2001年）、『自治力の発想』（信山社・2001年）など。

illustration　宮川恭之（横須賀市役所）

朝日カルチャーセンター地方自治講座ブックレット No 5
地方自治最前線～どう実現する『政策法務』
政策法務がゆく！ ― 分権時代における自治体づくりの法政策

２００２年１０月１０日　初版発行　　定価（本体１，０００円＋税）

著　者　　北村　喜宣
企　画　　朝日カルチャーセンター
発行人　　武内　英晴
発行所　　公人の友社
〒112-0002　東京都文京区小石川５－２６－８
ＴＥＬ０３－３８１１－５７０１
ＦＡＸ０３－３８１１－５７９５
振替　００１４０－９－３７７７３

公人の友社のブックレット一覧

（02.10.10現在）

「地方自治ジャーナル」ブックレット

No.1
水戸芸術館の実験
森啓・横須賀徹 1,166円 ［品切れ］

No.2
政策課題研究の研修マニュアル
首都圏政策研究・研修研究会
1,359円

No.3
使い捨ての熱帯林
熱帯雨林保護法律家リーグ 971円

No.4
自治体職員世直し志士論
村瀬誠 971円

No.5
行政と企業は文化支援で何ができるか
日本文化行政研究会 1,166円

No.6
まちづくりの主人公は誰だ
浦野秀一・野本孝松・松村徹・田中富雄 1,166円 ［品切れ］

No.7
パブリックアート入門
竹田直樹 1,166円

No.8
市民的公共と自治
今井照 1,166円

No.9
ボランティアを始める前に
佐野章二 777円

No.10
自治体職員の能力
自治体職員能力研究会 971円

No.11
パブリックアートは幸せか
山岡義典 1,166円

No.12
市民がになう自治体公務
パートタイム公務員論研究会
1,359円

No.13
行政改革を考える
山梨学院大学行政研究センター
1,166円

No.14
上流文化圏からの挑戦
山梨学院大学行政研究センター
1,166円

No.15
市民自治と直接民主制
高寄昇三 951円

No.16
議会と議員立法
上田章・五十嵐敬喜 1,600円

No.17
分権段階の自治体と政策法務
松下圭一他 1,456円

No.18
地方分権と補助金改革
高寄昇三 1,200円

No.19
分権化時代の広域行政
山梨学院大学行政研究センター
1,200円

No.20
あなたのまちの学級編成と地方分権
田嶋義介 1,200円

No.21
自治体も倒産する
加藤良重 1,000円

No.22
ボランティア活動の進展と自治体の役割
山梨学院大学行政研究センター
1,200円

No.23
新版・2時間で学べる「介護保険」
加藤良重 800円

No.24
男女平等社会の実現と自治体の役割
山梨学院大学行政研究センター
1,200円

No.25
市民がつくる東京の環境・公害条例
市民案をつくる会 1,000円

No.26
東京都の「外形標準課税」はなぜ正当なのか
青木宗明・神田誠司 1,000円

No.27
少子高齢化社会における福祉のあり方
山梨学院大学行政研究センター
1,200円

No.28
財政再建団体
橋本行史 1,000円

No.29
交付税の解体と再編成
高寄昇三 1,000円

No.30
町村議会の活性化
山梨学院大学行政研究センター
1,200円

No.31
地方分権と法定外税
外川伸一 800円

No.32
東京都銀行税判決と課税自主権
高寄昇三 1,000円

No.33
都市型社会と防衛論争
松下圭一 900円

「地方自治土曜講座」ブックレット

No.1
現代自治の条件と課題
神原勝　900円

No.2
自治体の政策研究
森啓　600円

No.3
現代政治と地方分権
山口二郎　[品切れ]

No.4
行政手続と市民参加
畠山武道　[品切れ]

No.5
成熟型社会の地方自治像
間島正秀　500円

No.6
自治体法務とは何か
木佐茂男　600円

No.7
自治と参加アメリカの事例から
佐藤克廣　[品切れ]

No.8
政策開発の現場から
小林　勝彦・大石和也・川村喜芳
[品切れ]

No.9
まちづくり・国づくり
五十嵐広三・西尾六七　500円

No.10
自治体デモクラシーと政策形成
山口二郎　500円

No.11
自治体理論とは何か
森啓　600円

No.12
池田サマーセミナーから
間島正秀・福士明・田口晃　500円

No.13
憲法と地方自治
中村睦男・佐藤克廣　500円

No.14
まちづくりの現場から
斎藤外一・宮嶋望　500円

No.15
環境問題と当事者
畠山武道・相内俊一　500円

No.16
情報化時代とまちづくり
千葉純・笹谷幸一　[品切れ]

No.17
市民自治の制度開発
神原勝　500円

No.18
行政の文化化
森啓　600円

No.19
政策法学と条例
阿倍泰隆　600円

No.20
政策法務と自治体
岡田行雄　600円

No.21
分権時代の自治体経営
北良治・佐藤克廣・大久保尚孝
600円

No.22
地方分権推進委員会勧告と
これからの地方自治
西尾勝　500円

No.23
産業廃棄物と法
畠山武道　600円

No.25
自治体の施策原価と事業別予
算
小口進一　600円

No.26
地方分権と地方財政
横山純一　600円

No.27
比較してみる地方自治
田口晃・山口二郎　600円

No.28
議会改革とまちづくり
森啓　400円

No.29
自治の課題とこれから
逢坂誠二　400円

No.30
内発的発展による地域産業の
振興
保母武彦　600円

No.31
地域の産業をどう育てるか
金井一頼　600円

No.32
金融改革と地方自治体
宮脇淳　600円

No.33
ローカルデモクラシーの統治
能力
山口二郎　400円

No.34
政策立案過程への「戦略計画」
手法の導入
佐藤克廣　500円

No.35
98サマーセミナーから
「変革の時」の自治を考える
神原昭子・磯田憲一・大和田建太郎
600円

No.36
地方自治のシステム改革
辻山幸宣　400円

No.37
分権時代の政策法務
礒崎初仁　600円

No.38
地方分権と法解釈の自治
兼子仁　400円

No.39
市民的自治思想の基礎
今井弘道　500円

No.40
自治基本条例への展望
辻道雅宣 500円

No41
少子高齢社会と自治体の福祉法務
加藤良重 400円

No.42
改革の主体は現場にあり
山田孝夫 900円

No.43
自治と分権の政治学
鳴海正泰 1,100円

No.44
公共政策と住民参加
宮本憲一 1,100円

No.45
農業を基軸としたまちづくり
小林康雄 800円

No.46
これからの北海道農業とまちづくり
篠田久雄 800円

No.47
自治の中に自治を求めて
佐藤 守 1,000円

No.48
介護保険は何を変えるのか
池田省三 1,100円

No.49
介護保険と広域連合
大西幸雄 1,000円

No.50
自治体職員の政策水準
森啓 1,100円

No.51
分権型社会と条例づくり
篠原 一 1,000円

No.52
自治体における政策評価の課題
佐藤克廣 1,000円

No.53
小さな町の議員と自治体
室崎正之 900円

No.54
地方自治を実現するために法が果たすべきこと
木佐茂男 ［未刊］

No.55
改正地方自治法とアカウンタビリティ
鈴木庸夫 1,200円

No.56
財政運営と公会計制度
宮脇淳 1,100円

No.57
自治体職員の意識改革を如何にして進めるか
林嘉男 1,000円

No.58
北海道の地域特性と道州制の展望
神原勝 ［未刊］

No.59
環境自治体とＩＳＯ
畠山武道 700円

No.60
転型期自治体の発想と手法
松下圭一 900円

No.61
分権の可能性
—スコットランドと北海道
山口二郎 600円

No.62
機能重視型政策の分析過程と財務情報
宮脇淳 800円

No.63
自治体の広域連携
佐藤克廣 900円

No.64
分権時代における地域経営
見野全 700円

No.65
町村合併は住民自治の区域の変更である。
森啓 800円

No.66
自治体学のすすめ
田村明 900円

No.67
市民・行政・議会のパートナーシップを目指して
松山哲男 700円

No68
アメリカン・デモクラシーと地方分権
古矢旬 ［未刊］

No.69
新地方自治法と自治体の自立
井川博 900円

No.70
分権型社会の地方財政
神野直彦 1,000円

No.71
自然と共生した町づくり
宮崎県・綾町
森山喜代香 700円

No.72
情報共有と自治体改革
ニセコ町からの報告
片山健也 1,000円

No.73
地域民主主義の活性化と自治体改革
山口二郎 600円

No74
分権は市民への権限委譲
上原公子 1,000円

No.75
今、なぜ合併か
瀬戸亀男 800円

No.76
市町村合併をめぐる状況分析
小西砂千夫 800円

No.77
自治体の政策形成と法務システム
福士明 ［未刊］

No.78
ポスト公共事業社会と自治体政策
五十嵐敬喜　800円

No79
男女共同参画社会と自治体政策
樋口恵子　[未刊]

No.80
自治体人事政策の改革
森啓　800円

No.81
自治体とＮＰＯとの関係
田口晃　[未刊]

No.82
地域通貨と地域自治
西部忠　[未刊]

No.83
北海道経済の戦略と戦術
宮脇淳　[未刊]

No.84
地域おこしを考える視点
矢作弘　700円

TAJIMI CITY ブックレット

No.2
分権段階の総合計画づくり
松下圭一　400円（委託販売）

No.3
これからの行政活動と財政
西尾勝　1,000円

朝日カルチャーセンター 地方自治講座ブックレット

No.1
自治体経営と政策評価
山本清　1,000円

No.2
ガバメント・ガバナンスと行政評価システム
星野芳昭　1,000円

No.3
三重県の事務事業評価システム
太田栄子　[未刊]

No.4
政策法務は地方自治の柱づくり
辻山幸宣　1,000円

No.5
政策法務がゆく！
北村喜宣　1,000円

【お買い求めの方法について】
下記のいずれかの方法でお求め下さい。
（1）　出来るだけ、お近くの書店でお買い求め下さい。
（2）　小社に直接ご注文の場合は、電話・ＦＡＸ・ハガキ・Ｅメールでお申し込み下さい。
送料は実費をご負担いただきます。

112-0002　東京都文京区小石川 5-26-8　TEL 03-3811-5701　FAX 03-3811-5795
Ｅメール　koujin@alpha.ocn.ne.jp
http://www.e-asu.com/koujin/　　（株）公人の友社　販売部